KOMOREBI

木漏れ日

KOMOREBI

(JAPONÉS) 木漏れ日

(N.) LA LUZ DEL SOL QUE SE FILTRA ENTRE
LAS HOJAS DE LOS ÁRBOLES

Laia Marquiegui Beltrán

TÍTULO: *Komorebi*
AUTORA: *Laia Marquiegui Beltrán©, 2023*
COMPOSICIÓN: *HakaBooks - Cavenat 14*
DISEÑO DE LA PORTADA: *Hakabooks©*
ILUSTRACIONES: *Laia Marquiegui Beltrán©, 2023*

1ª EDICIÓN: *diciembre 2023*
ISBN: *978-84-10173-01-9*
DEPÓSITO LEGAL: *B 22212-2023*

HAKABOOKS
08204 Sabadell - Barcelona
☎ *+34 680 457 788*
🏠 *www.hakabooks.com*
📧 *editor@hakabooks.com*
📷 *Hakabooks*

Para ti, por ser quien fuiste y enseñarme quién soy.

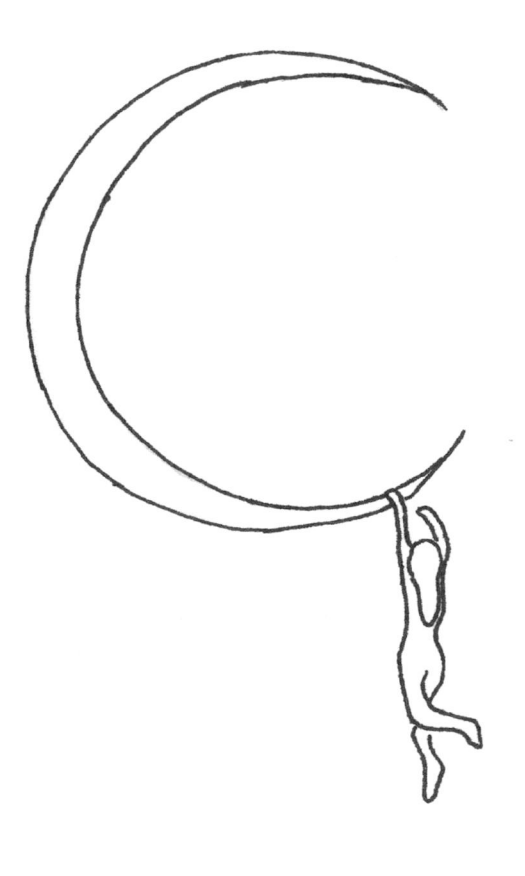

Es como si al universo
le gustara ser el centro del mundo.
Como si,
sin querer,
fuera tan caprichoso como el cielo.

Lo tiene todo planeado.
Pero si realmente existe,
¿Por qué no estás a mi lado?
¿Por qué reina el dolor?

Es como si al universo
le hubiera fallado.
Y ni con todas las constelaciones
pudiera encontrar mi camino,
entre la noche.

Pero sé que no estoy en sus manos,
pues en uno como él,
paralelo de realidades,
la tristeza no es pecado.

Mi peor enemigo,
como nube en mis ojos,
persigue la sombra de mí sin esfuerzo,
camina mis pasos sin quererlo.

Mi peor enemigo,
me habla cuando abro la boca,
se calla cuando escucho mi silencio,
me mata cuando siento mi respirar.

Mi peor enemigo,
como cristal roto en el espejo,
como sabana pesada cuando me acuesto,
el agua, cuando me ahogo.

Mi peor enemigo, yo,
aunque no tan yo como mi enemigo.

Como el pintor que no pinto nada por miedo a mancharse, como aquellos que recorren la playa, pero esquivan las olas para no mojarse, porque lo bueno y lo malo caminan de la mano, porque en la música el sonido y el silencio son igual de importantes.

Pero aquí estamos, buscando que nuestros días no tengan silencio, pero que sean música, queriendo correr sin haber dado un paso, fingiendo amar sin aprecio, viendo solo lo bonito, pero olvidando que los ojos, también se cansan.

Nunca aprendió a quererse,
sus huellas las borro el mar
junto con la negra noche,
los coches la oían pasar.

Con un campo de flores soñaba,
para esconderse entre la hierba alta
y echarse a correr,
ponerse a llorar.

Ver surcar los cielos, esos pájaros viejos,
sentirles más libres que ella misma.
Ver correr al ciervo
y aullarle al lobo,
de su pasado.

Arrancar las hojas de las margaritas
pensando en si se quiere,
y que no le den respuesta.

Enredar su pelo castaño,
así como lo están sus pensamientos,
y creer con certeza,
que no es algo malo.

Amo,
amo bien y solo bien,
amo fuerte y sincero,
porque si tengo que amar a medias,
no amo.

Amo sin miedo a la no reciprocidad,
simplemente por el amor a amar,
y no amo por compromiso,
amo sin más.

Pero aun amando amar,
y siempre amando,
No me amo.

Quiero llorar sin tener miedo de mostrar mis lágrimas, esas que me acompañan seguido y avergüenzan por defecto. Dejaré en mis lejanos pasos esas gotas de tristeza, ácidas de dolor, para llorar alegría, que broten de mis ojos flores de amor y empatía.

No quiero llover a escondidas, pues mis manos, ya cansadas, están húmedas, no son cálidas.

Me quiero querer, y permitirme llorar como hacía, pues esa costumbre de esconderme va a ser motivo de alegría. Me acaricia la faz, como de niña, la necesidad de ser vista, y aunque siempre escondida, lloraré agradecida.

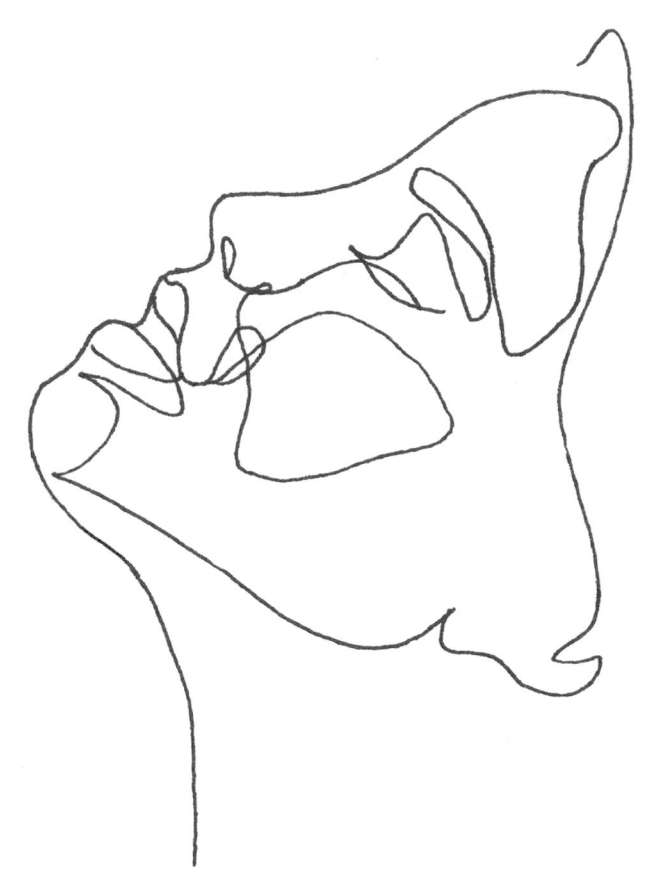

Hasta me sumergí en el agua para poder ver mi reflejo, ese que parecía haber desaparecido y atormentaba con su ausencia, me ahogo sin su presencia. Me sumergí y pedí volver a verme, reconocerme. Pero ni las finas líneas del mar supieron definir mi rostro confuso, ausente de mi mente, cansada y triste, que divagaba en silencio por el recuerdo del pasado. Dibujé en vano mi silueta en el mar, esperando que este la borrara de mí, pero no supe definirla, ahora el mar me tiene a mí.

Me he dado cuenta de que para sanar ya no quiero perdonar, ni olvidar, pienso acordarme hasta del más mínimo detalle de lo que era y conservarlo hasta la infinidad, para que cuando sea polvo de estrellas al menos me tenga completa y me recuerde por lo que era, lo que soy y seré. No es que no perdone por venganza, más bien por amor hacia mi y por respeto hacia mi persona y lo que tanto tiempo la tuvo encerrada.

Ya no necesito compasión, porque por fin he dejado de compadecerme de mí misma y valoro mis piedras porque me hicieron crecer y no tropezar.

Me gustaría decir que me quiero más que nunca, pero sería un desperdicio porque aún me quedan tiempos y ganas, pero el odio ya no me pesa y aunque mis lágrimas sigan siendo saladas, empiezo a notar la dulzura en la que sé que me tratan.

Penas agridulces,
que lloran hacia el cielo
y empapan de tristeza,
un rostro emborronado y feo.

Maldita la nostalgia,
que oprime mi agitado pecho,
que se hunde y respira,
al compás de aquel recuerdo.

Y ya huyen las sirenas,
asustadas vuelan las palomas,
y la ropa mojada
tirita la piel de escarlata.

Cuando vuelvas amor mío,
lloraré por inercia,
porque al verte, mis ojitos
creerán que es mía la ausencia.

Qué valor tiene el día si cuando me levanto se me pegan los ojos, las sábanas y la pereza, si cuando salgo fuera siguen habiendo disputas entre amigos y guerras entre vecinos, si no estás aquí.

Qué valor tiene el día, el día de cada día, el mismo que te acompaña siempre y te arropa al dormir.

Así que, dime, qué valor tiene el día, para que yo lo pueda intercambiar por miradas cómplices y risas ensordecedoras y de esta manera, volverlas eternas, pagar su precio.

Si es verdad que tiene valor el día, ¿por qué siento que a veces hasta yo misma carezco de este?

Te regalaré mi corazón cuando mi cuerpo ya no aguante, cuando los párpados me pesen de sueño y las rodillas tiemblen de miedo.

Te regalaré mi corazón algún día, no solo porque te quiero, sino para que sepas cuanto te he querido y de qué forma se mide mi amor.

Guarda contigo cada latido de mi vida, para que permanezcan en tu memoria mis más dulces recuerdos. Quiero que, con mi corazón de escritor y mi sangre como tinta, me escribas un poema de amor y que quede testimonio de lo mucho que he querido.

Algún día lloverá y no tendré que disimular mis lágrimas, me dejaré empapar por la nostalgia y seré feliz en el desastre.

Algún día lloverá, y nacerán flores en los bordes del cemento, caminaré descalza por el barro, me mancharé la ropa.

Algún día lloverá, y ya no seré una niña, seguiré saltando en los charcos con un vestido blanco y quizás me dolerán las rodillas.

Algún día lloverá y tú estarás conmigo, correremos juntas y, aunque llueva, tu calidez me embriagará.

Algún día lloverá y el perdón dejará de ser abismo de orgullo y mi corazón será libre.

Algún día lloverá y mi pelo se tornará gris.

Algún día lloverá. Pero nunca llueve.

Hoy, llueve dentro de mi.

De pequeña solía mirar las estrellas con la esperanza de
que me abrazaran fuerte y no me hicieran sentir sola, les
pedía cambiarme de piel, que me cantaran una canción
y así poder dormir tranquila. Cada noche mi mirada
clavada en el cielo entristecido. Y silbaba a veces, cómo el
viento, y otras me hacía pequeña en mi habitación.

Yo las miraba a ellas, pero ¿quién me mira a mi?

Quién me mira cuando estoy sola y tan solo las estrellas
escuchan mis anhelos, o cuando la noche es ruidosa y
joven, y en mi piel ellas crean destellos.

Gracias a las estrellas por ser el farolillo de esperanza
para una niña de pelo largo y sonrisa tímida.

La mujer de los labios rojos pasea sola por la vejez.

La mujer de los labios rojos te sonríe con la mirada y te saluda con su presencia.

La mujer de los labios rojos te impregna con su aroma del pasado y así intuye un futuro no muy largo.

La mujer de los labios rojos te muestra una fotografía vieja, te muestra a la mujer de los labios rojos cuando era primavera.

Yo conocí una vez a la mujer de los labios rojos, la seguía con mi mirada, y por las calles solitarias, guiada por los charcos que dejaba al pasar. Manto negro, horquillas en el moño, botas pequeñas.

Yo conocí una vez a la mujer de los labios rojos paseaba, prediciblemente sola y llevaba los labios rojizos, el rostro serio le iluminaba el camino y de pronto me hizo volver al pasado, recorriendo una a una todas aquellas mujeres rojizas de labio y mejilla, con aura presente y cabello trenzado.

A veces el sentido carece y la vida se vuelve abismo, con el silencio de la mano y la nostalgia de bandera, busco bajo rocas y recuerdos, aquellos momentos efímeros que dicen que el sentido se da y se encuentra, aunque a veces suene extraño.

Cuando la soledad me ensordece, intento callarla con música resentida para que las astillas del dolor se conviertan en melodía, la misma que me devuelve la sonrisa cuando el sentido carece y la vida se vuelve abismo.

Pero el viento aún sopla, y desgarra mi imaginación desenfrenada que me hace recordar que aunque a veces el sentido carece, siempre habrá hueco en el abismo para una caída más.

Fue tu risa, desde luego es tu risa, la que no me deja olvidarte, a carcajadas me dueles y aun sintiéndote ya lejos, estás dentro de mi corazón, aunque no pueda quererte.

Pequeña yo, y yo la más pequeña en cuanto a amor, te echo de menos, quiero poder reírme a tu lado, pero estás tan desvanecida que el sonido de nuestra alegría ya solo es presente, y la tuya se ha vuelto ausente, tan solo divaga por el tiempo feroz que todo lo consume.

Aunque a mi no, a ti sí te abrazo, para escucharte de nuevo y saber con certeza que no me da miedo esconder mi sonrisa, la sonrisa que comparto contigo.

Me miro al espejo y no parece real, un simple borrón emborronado, quizás lleno de alegría, quizás de tristeza, los párpados bien abiertos, con los puños me froto los ojos cansados.

¿Cómo soy? Desdibujo mi sonrisa y mi faz se niebla poco a poco.

Con el paso del tiempo, mi reflejo confuso pesa como losa de responsabilidad.

Me encuentro caminando sola por la carretera infinita de mi imagen, llena de curvas, bosques a los lados, brisa estridente y transeúntes enloquecidos.

Dejaré, quizás, de mirar afuera.

Cuando la carretera se vuelva motivo de llanto, miraré adentro.

Cuando los pájaros no practiquen melodías agradables, miraré adentro.

Cuando no haya arcén en el que salvaguardarse, miraré adentro.

Cuando acabe el camino, siempre, miraré adentro.

HABLARLE AL MIEDO

Algún día será demasiado tarde, pasearé por el mar descalza, tal vez escribiré una canción triste y lloraré al cantarla, al cantártela, o quizá simplemente serás una esquirla en mi corazón que sanará con el tiempo, cantaré aquella melodía tan conocida por los dos a todo pulmón y con cada brizna de aire que inhale tu recuerdo se volverá melancolía, igual se hará difícil y habrá días en los que los recuerdos serán mi mar y mi cuerpo el barco de lágrimas.

Algún día ya no me dolerás tanto como lo haces ahora, y quizás ganaran en el juicio de la muerte los recuerdos dulces, y reviviré.

Ningún día volverás, no te dejaré volver, cantaré sola y viviré una buena vida libre, con música libre, y tal vez escucharás mi canto, tal vez me echarás de menos, yo a ti no.

Algún día será demasiado tarde, hoy es algún día, y como cualquier día, es demasiado tarde.

Y entre su locura, con largos intervalos de horrible cordura, hizo un pacto de sol, para que cada vez que asomara su sonrisa, amaneciera en algún lugar del mundo.

Pues ella, loca por la belleza, amante de leyendas y fiel amiga del día, sacrificó su vida para volver a ver amanecer.

Tanto amaba el color naranja intenso, el amarillo suave e incluso el rojo vino, que poco a poco los colores del cielo la atraparon hasta que no pudo volver, y condenada a aparecer en la muerte del dichoso y amado día, se volvió color.

Y la echo de menos, tanto como ella al alba, o la luna al sol, pero al menos sé que podré encontrarla en los más bonitos atardeceres, aquellos que van acompañados de paz y trascendencia, cada vez que, a lo lejos, su sonrisa me reconozca.

Dime, si solo pudiéramos escucharnos y todos los demás sentidos desaparecieran por un instante, ¿te seguirías queriendo?

¿O al contrario, desearías poder volver a ver, verte, para encontrarte valor?

Acaso si no existiera la inalcanzable perfección visual dejarías de ser lo que eres, tal vez enmudecerías, le serías infiel al tacto o quizás los sabores de la vida ya no serían suficiente motivo para reconocerte valiosa.

Dime, ahora que nadie está mirando, ¿son tus palabras lo suficientemente tuyas como para ser tú misma?

Dime, solo dime.

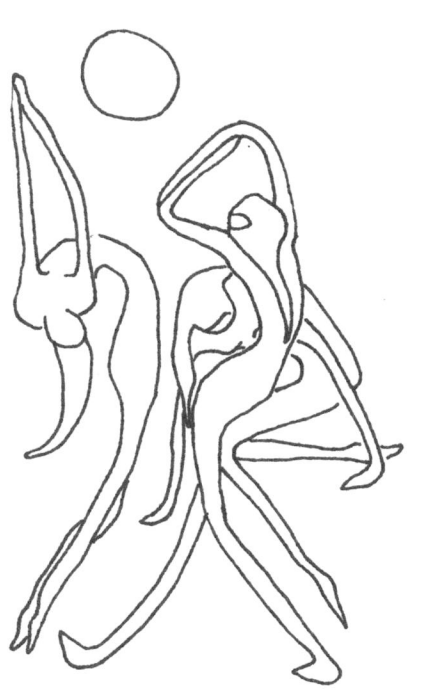

<u>Dicen las estrellas que los fugaces somos nosotros.</u>

Piel plateada y labios de vino,
cabellera blanca y ojos de niño.
Te miro a ti, estrella mía,
y me pregunto cuándo se hará de día.

La noche me abraza,
pero su calidez se pierde,
le pregunto a mi estrella, fugaz se volviera,
si dejara de mirar al cielo.

Ahora el llanto me arropa,
y responde mi estrella,
que fugaces nosotros,
pero jamás ella.

Hay un sitio, que frecuento a menudo, donde nadie me conoce.

Hay un sitio, que ya es dueño de mi corazón y felicidad, en donde nadie me conoce.

Hay un sitio precioso, en donde habita mi verdadero yo, porque nadie me conoce, y yo no conozco a nadie, excepto la única y frágil versión de mi.

Mi sitio, al que vuelvo con el pensamiento, me encuentra siempre con la compañía de mi soledad, que es suficiente cuando no reconoces cara alguna, cuando nadie te conoce.

Me peleo con el teclado, como de costumbre, porque este parece no entender mis pensamientos y hace oídos sordos a mis palabras.

Deslizo aterrorizada mis dedos sobre él, con el miedo de pulsar la tecla equivocada y que esta me bloquee el paso para plasmar mis sentimientos.

Las letras, quietas, llenas de astillas, me miran imponentes, y me hago pequeña ante ellas, no tengo claro si estas me van a entender.

Mis manos, temblorosas, piden permiso para liberar mis inquietudes, piden permiso para dejar de temblar, pero les bloquea el miedo de ser rechazadas.

Hace ya tiempo que dejó de ser una pelea con el teclado, sino más bien, con mi cabeza.

Cambié de opinión, soy una contradicción, ya no creo tenerlo todo claro y escoger se me hace un mundo, porque sé que la opción escogida más tarde no será la buena.

Me gusta el silencio, pero a veces me abruma y no puedo escucharlo, leo con frecuencia, sin embargo, detesto que mi vida no sea libro, odio las excusas, pero a menudo mis labios las pronuncian, aborrezco salir de casa, en cambio, hay días en los que se vuelve necesidad, no me gusta maquillarme, pero a veces esconder mi rostro parece más fácil, me encanta la lluvia, pero me alegro si sale el sol.

No me entiendo a mi misma, pero creo tenerlo todo bajo control, me creo capaz, pero no lo soy.

Soy una contradicción, o no.

Ríndete,
deja caer los brazos,
cierra los párpados,
suelta el arma.
Ríndete y gana la batalla contra ti misma,
ríndete, ríndete, ríndete, deja de luchar contra ti,
ríndete, por favor,
escógete y ríndete.

<u>No vales la pena, vales la vida.</u>

Me pregunto si es necesario el sufrimiento para valorarte, si solo comprenderé tu valía si me dueles de vez en cuando, y así saber si "vales la pena".

Pero tú no vales la pena, ni la tristeza, o el dolor, tú vales la vida, los momentos amarillos y el tiempo cuidadoso.

Tú vales, por el simple hecho de poder pronunciar la palabra a tu lado, y vales en todos los momentos en los que has dejado mostrar tu piel, en aquellos en los que la suave brisa te ha hecho parpadear deprisa para no perderte un segundo de vida o cuando te has parado a respirar.

Poco a poco, le robas el significado a la palabra "dolor" y la conviertes en aquello que sí vale la pena y en la personificación de carencia, para saber reconocerte valiosa en los momentos en los que creas que tan solo vales la pena.

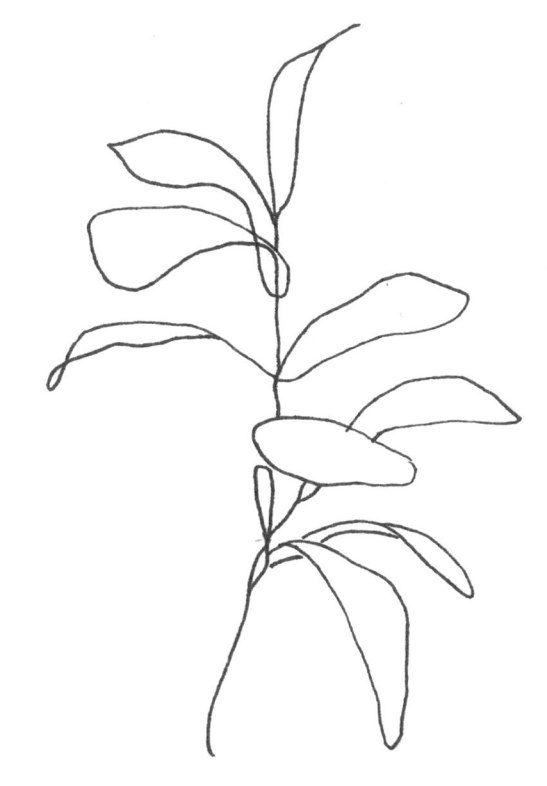

Grabaré tu número en mi piel para llamar a las memorias, les escribiré de vez en cuando versos para que no me olviden y paliar así mi gran nostalgia.

Les escribiré, a veces, para recordarles que sigo aquí, incluso les rogaré que me escriban de vuelta.

Ya he pensado un soneto para ellas, uno que pueda resucitarlas y no me haga perderlas para siempre.

No dejaré de escribirles, no las condenaré al olvido, y con un poco de poesía acudiré a ellas buscando consuelo, cuando la realidad pese demasiado y sean ellas lo único que me quede de ti.

Tu número, grabado en mi piel, ha dejado de llamarme, pero yo no pararé.

Gracias por entenderme, pues ante la incomprensión han asomado siempre mis flaquezas, y cuando la transparencia es símbolo de valentía, yo me opaco.

Gracias por comprender mis confusiones y ayudarme a entenderlas cuando solo soy un barullo de ilusiones.

Gracias por comprenderme, y no dejar que mis locas ideas se queden en producto de imaginación, ya que cuando el mundo se me queda grande, es allí donde me escondo.

Gracias por entenderme, o fingir que lo haces, pues has logrado que la inseguridad, tenga miedo de hablarme.

La observo sin que se dé cuenta,
tiene el pelo encrespado que reposa sobre sus
hombros,
el ceño ligeramente fruncido mientras lee su libro
favorito,
los labios juntos.

Tiene las piernas cruzadas,
los hombros relajados,
la mirada perdida en la historia,
sus manos se rozan.

La observo y no se da cuenta,
su expresión está en paz,
levanta la mirada,
asoman sus hoyuelos.

La observo, se ha dado cuenta,
ella me observa a mi también.

No te quedes dormida,
escucha el vaivén de la cortina rota,
permítete el sobresalto con el choque de las
ramas en la ventana,
observa cómo muere la vela.

No te quedes dormida,
no mires el reloj,
cuando menos te lo esperes me habré ido,
las agujas se volverán estáticas.

No te quedes dormida,
mírame a los ojos,
pues quiero que, cuando llegue la hora,
sea lo último que recuerdes.

No voy a decirte que te quiero, mejor:

Te diré que realmente no me importa que me toques el pelo, que aunque me enfade las camisetas de mi armario son todo tuyas, que me encanta verte jugar a tu deporte favorito y que lo haces muy bien, te diré que deseo que me acompañes a la ciudad siempre que yo vaya, que no me importa si a veces no quieres, te voy a decir también que quiero estar a tu lado, aunque físicamente no pueda.

Te diré que me gusta escucharte hablar a escondidas, aunque a veces parezca que hago oídos sordos, te diré que me encanta aconsejarte y que me hagas caso, que no me molesta que sigas mis pasos.

Te diré que me encanta cuando me abrazas, aunque me aparte, que me gusta mucho tu sonrisa, sobre todo si la provoco yo, y que estoy orgullosa, aunque no te lo diga.

No voy a decirte que te quiero, pero a ti, te quiero.

¿Y si necesito tus problemas? ¿Y si estamos destinados a encontrarnos con aquellos que nos proporcionarán los problemas necesarios para crecer? ¿Qué pasa si tengo miedo de no encontrar obstáculos saltables, piedras rodeables, muros atravesables, que pasa si tengo miedo de que eso me haga dejar de ser yo?

Me pregunto en la soledad si será, finalmente, la tan anhelada compañía la que me despierte de golpe, de un golpe, y me haga creer que no estoy preparada, la que, a través de engaños, me haga perderme y no pueda nunca más volver a encontrar mi presente.

Me pregunto si no es la soledad la dañina, y en realidad es ella la que me está convenciendo, de que, de tu lado será, de donde emerjan los tan temidos problemas.

Te subo a un pedestal y te miro desde abajo,

te subo a un pedestal para mirarte desde abajo y para que así, tú, desde arriba, puedas describirme el hermoso paisaje lejano.

Te subo al pedestal, ese que me chilla muy bajito que estás por encima, y que no soy digna de agradar a mi vista con el mundo del afuera.

Te subo al pedestal porque yo no puedo subir, pues es muy alto, muy frío, muy difícil y complicado, así que cuando me mires desde el pedestal en el que te he subido, no te olvides de envidiar la sencillez de mi poca vista, si te atreves a bajar la mirada por un instante, te darás cuenta de que realmente no estás tan arriba.

Hasta que nos volvamos a encontrar, y quizás yo sea el hombre y tu la mujer. Sé que sabré reconocerme en ti y brillaremos de nuevo. Yo volveré a buscarte, infinitas veces, infinitas vidas, hasta beberme el tiempo y convertirme en las grietas del camino que una vez andamos juntos.

Me río a carcajadas para deshacer el nudo de mi garganta, para parar la lágrima viva.